poèmes

Impressions

en

Arawak

Édition : BoD · Books on Demand, 31 avenue Saint-Rémy, 57600 Forbach,
bod@bod.fr
Impression : Libri Plureos GmbH, Friedensallee 273, 22763 Hamburg
(Allemagne)

Illustrations Florine de Paris

ISBN : 978-2-3225-3522-4
Dépôt légal : Mars 2025

Christine Virbel Alonso

Impressions

en

Arawak

Mes sincères remerciements à

Maxime Cobigo, qui a été immédiatement partant pour cette idée de livre et m'a fourni les mots en Arawak,

Dominique Lemoine, qui a bien voulu relire l'ensemble de l'ouvrage,

Aude-Marie Pantaléon, qui l'a relu et a glissé une petite note « j'adore » à la page du poème Maba Oyo,

Maud Lelièvre, présidente du comité français de l'UICN pour son intérêt et son soutien régulier.

Quand des perruches à collier chassent un corbeau,
un nouvel univers, riche en symboles, s'ouvre à soi.

L'ARAWAK, UNE LANGUE AMÉRIDIENNE TOUJOURS VIVANTE

La langue arawak est l'une des sept langues amérindiennes parlées en Guyane. C'est aussi l'une des langues que les premiers Européens ont entendue lorsqu'ils ont débarqué sur le nouveau continent.

Alors que le peuple Arawak s'étendait de l'actuelle Guyane française jusqu'au Suriname, il reste moins de 2000 personnes parlant cette langue aujourd'hui sur le territoire français.

Ce recueil de poèmes pour enfants est une modeste contribution pour faire connaître quelques mots d'Arawak contemporain. Surtout, il a été imaginé pour encourager les personnes qui parlent cette langue (et d'autres langues en danger du même continent ou d'ailleurs) à la diffuser largement.

Car une langue qui s'éteint, c'est tout un univers qui disparaît, avec ses coutumes, ses savoirs et parfois même avec les êtres vivants animaux et végétaux qui entouraient ceux qui la parlaient et que nous ne connaissons et ne voyons pas.

Pour composer ces poèmes, dont certains sont en vers libres, j'ai choisi des noms génériques d'animaux et de plantes, tirés des dictionnaires arawak-français et français-arawak de Marie-France Patte, édité par IRD Éditions.

Engagée depuis de nombreuses années au sein du comité français de l'UICN* en tant qu'experte puis présidente de la Commission Éducation

* Union Internationale pour la Conservation de la Nature

et Communication (CEC), pour trouver l'inspiration, je me suis ensuite documentée sur les habitudes de vie des animaux cités et sur la forme des plantes, leurs propriétés et même leur histoire. Une recherche sur internet permettra aux détenteurs de ce cahier-détente de les découvrir pour bien les dessiner, sauf s'ils préfèrent laisser libre cours à leur imagination.

Certains poèmes citent plusieurs fois le nom arawak de l'espèce dont il est question pour bien imprégner les mémoires à la manière des comptines.

Ch. V. A.

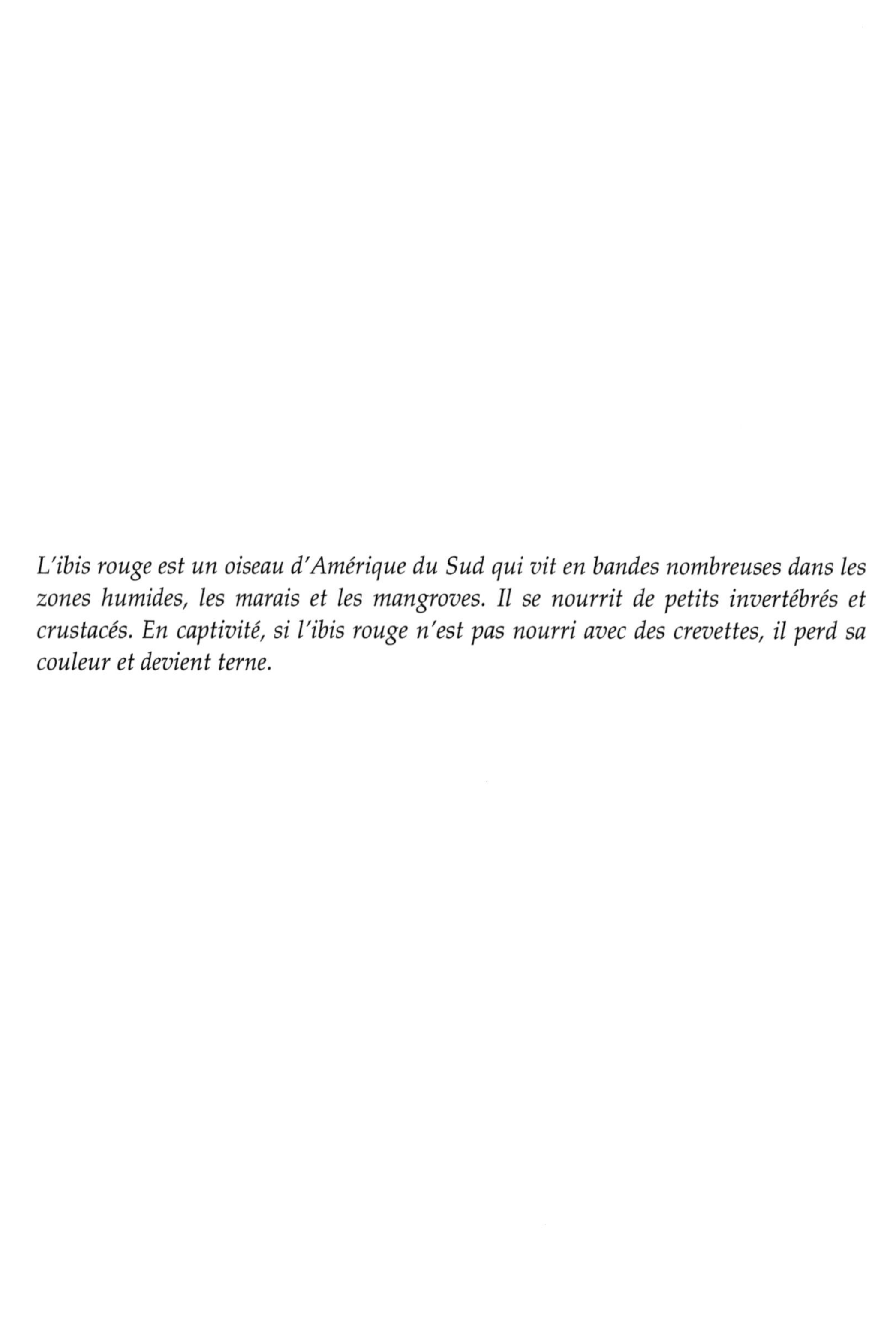

L'ibis rouge est un oiseau d'Amérique du Sud qui vit en bandes nombreuses dans les zones humides, les marais et les mangroves. Il se nourrit de petits invertébrés et crustacés. En captivité, si l'ibis rouge n'est pas nourri avec des crevettes, il perd sa couleur et devient terne.

KORHOKORHO
Ibis rouge

Comme un soleil en haut des cimes
Korhokorho tu te dessines
Sur fond de ciel
Providentiel.

En liberté,
Bien préservé,
Tu m'impressionnes
Tant tu rayonnes.

Emprisonné,
Dénaturé,
Tu t'assombris,
Tu deviens gris.

Oiseau de feu
Embrase les cieux,
Envole-toi
Crée mon émoi.

Je veux revoir,
Dans l'air du soir
Milliers de plumes
Luire sous la Lune

Les perruches, aux couleurs vives, sont des oiseaux assez bruyants. Le plus souvent en bandes remuantes, elles poussent de petits cris répétitifs qui facilitent leur localisation lorsque leur plumage les camoufle entre les feuilles. La disposition et les couleurs des mots du poème rappellent les oiseaux dans les différentes branches d'un arbre.

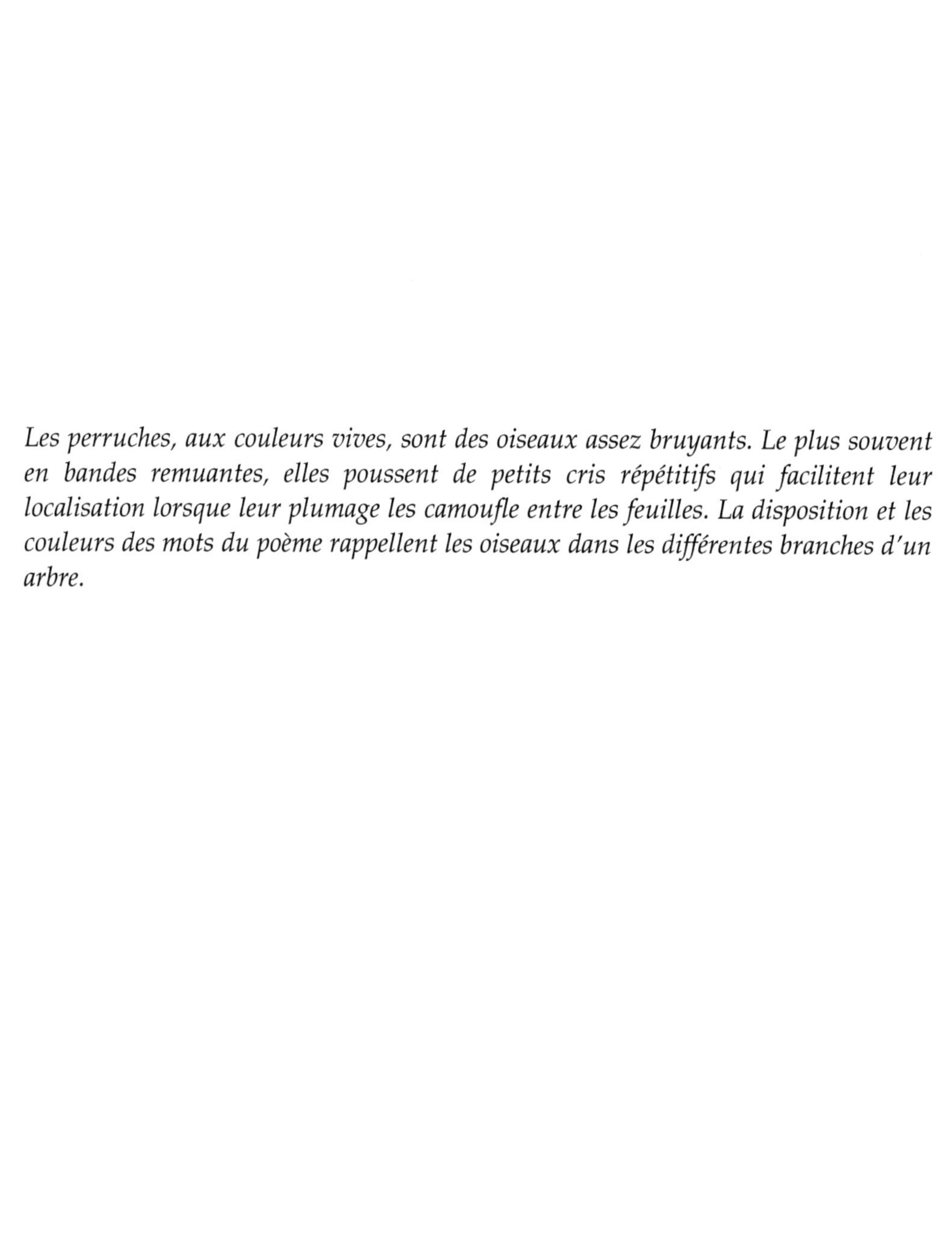

KHEREKHERE
Perruche

kherekhere
J'te quère

kherekhere
Hier

kherekhere
Ici

kherekhere
Aussi

kherekhere
Demain

kherekhere
Sans fin

kherekhere
Toujours

kherekhere
Tu es Amour.

pour Inès.

Dessine l'ibis rouge Korhokorho sur cette page.

Dessine une bande de perruches Kherekhere sur cette page.

L'anaconda, serpent pouvant mesurer jusqu'à 10 mètres et peser plusieurs centaines de kilos pour les plus spectaculaires, se meut avec grande facilité sous l'eau. C'est dans cet élément qu'il fait sa parade nuptiale, comme une danse où les corps de deux anacondas se frôlent et se mélangent. Lorsqu'il a avalé une proie, l'anaconda peut rester plusieurs semaines sans manger ni presque bouger. Il est alors vulnérable et peut se faire attaquer par d'autres anacondas ou par des félins, comme le jaguar dont le nom en Arawak est Arhoa.

KAMODO
Anaconda

Kamodo, semblant si placide
Tu me fascines.

Monstre silencieux et sensé
Tu sais calculer
Quelle proie avaler.

Tu danses l'amour
À ton gré, le jour
Sous une eau turbide
C'est vraiment intime.

Après un festin
Tu restes incertain
Sur le bord de rive
Tes pensées dérivent.

Mais Arhoa veille
Et dans ton sommeil
Il peut t'attaquer
Te faire succomber.

Kamodo toujours
Danse bien l'amour
Là tu me ravis
Là tu es en vie.

Le manguier, arbre des régions tropicales, est un des premiers arbres fruitiers cultivés par les humains. À ce titre, je l'ai considéré dans ce poème comme un « arbre-mère » sous lequel on aime se reposer après avoir mangé ses fruits pour admirer le spectacle des couleurs mouvantes entre ses feuilles.

MÂYA DAYA
Manguier

Avec ta forme ronde et tes fruits lourds,
Mâya Daya, tu es là pour
Nourrir le monde, comme une mère
Donner l'amour, ôter l'amer.

Quand j'ai mangé
Ton fruit sucré
La vie est douce
Et je me couche.

Sous ton feuillage
Je deviens sage
Ne pense à rien
Tout me convient.

Je vois du ciel
Touches bleutées, taches de miel
Feuilles dans l'air
Gemmes de vert.

Mâya Daya, arbre éternel
Arbre sacré, coeur maternel.

Dessine l'anaconda Komodo sur cette page.

Dessine le manguier Mâya Daya sur cette page.

On dit que sans les abeilles, il n'y aurait à terme plus de vie sur Terre. Durant toute sa vie, l'abeille collecte du pollen pour en faire du miel qui va nourrir la ruche et dont les humains profitent aussi. À la fin de sa vie, elle aura produit une cuillère de miel seulement, mais elle aura procédé à la pollinisation de milliers de fleurs et de fruits.

MABA OYO
Abeille à miel

Petit zeppelin des jardins
Coloriste des haies et chemins
Maba Oyo tout le jour affairé
As-tu le temps d'avoir une pensée ?

Les miennes sont vers toi tournées
Pour te chanter, te remercier
De ton labeur, plein de douceur
Sur un bouton, sur une fleur.

Tu vas passer une vie entière
À créer fruits, bonne ouvrière
Et tu nourris sans un merci
Tes soeurs, ta mère, et nous aussi.

En fins zigzags sur ciel zircon,
Rien n'interrompt ta progression.
Précieuse alliée, Maba Oyo
Jamais sur Terre plus beau joyau.

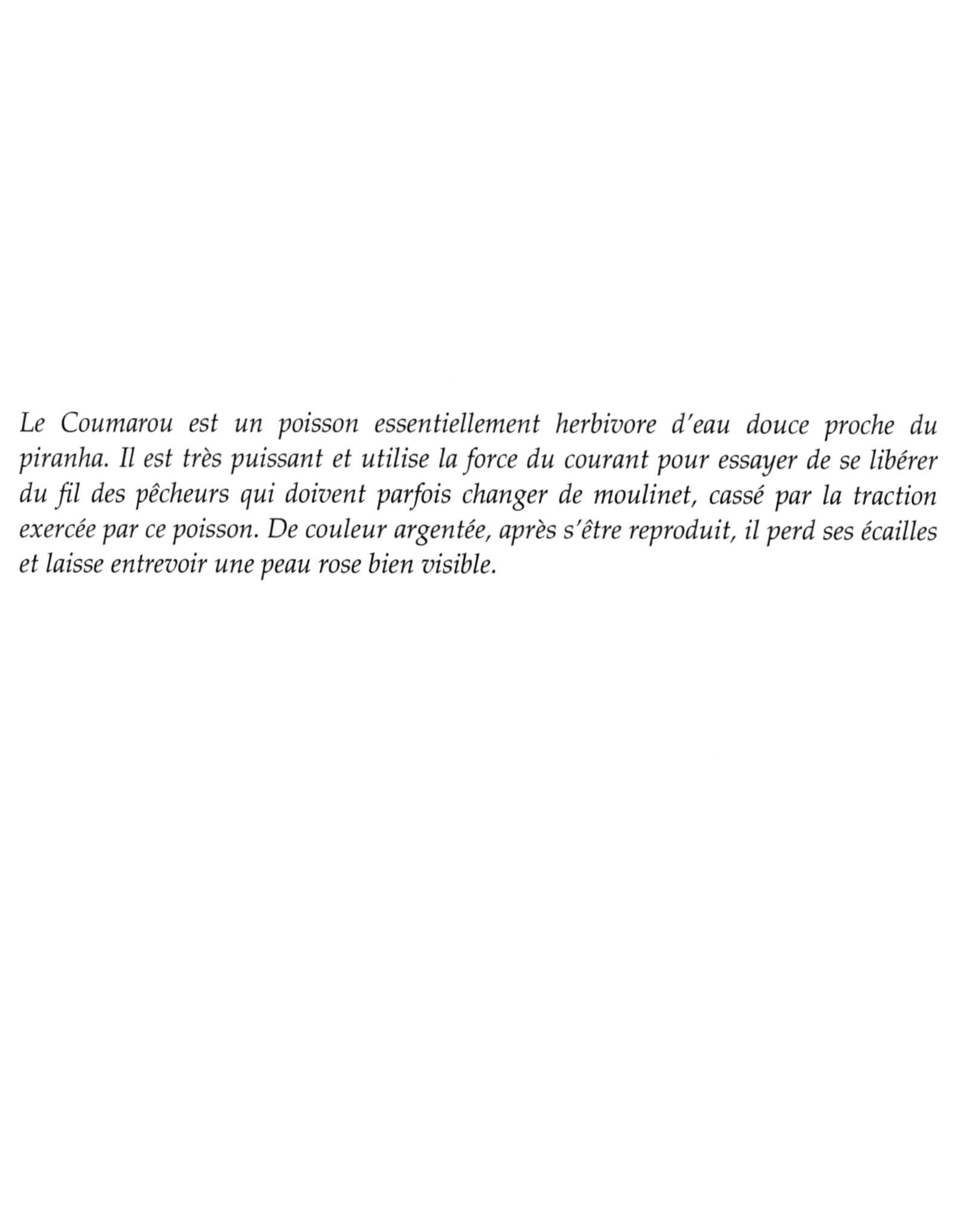

Le Coumarou est un poisson essentiellement herbivore d'eau douce proche du piranha. Il est très puissant et utilise la force du courant pour essayer de se libérer du fil des pêcheurs qui doivent parfois changer de moulinet, cassé par la traction exercée par ce poisson. De couleur argentée, après s'être reproduit, il perd ses écailles et laisse entrevoir une peau rose bien visible.

COUMAROU / PACOU
Coumarou, poisson

Enflammé ou tout argenté,
Glouton par grande nécessité
Toujours à vouloir mastiquer
Graines de palmier et pois sucrés,
Goyave et petits crustacés.

Oh Coumarou, tu m'impressionnes
Mais c'est pourquoi on t'assaisonne !

Fort en courants
En convolant
Tu deviens rose
Cela t'expose
À des envies,
Des appétits
Mon cher ami
C'est mal parti.

Mais avant d'en arriver là
Tu auras bien lutté, soldat.
Surtout tu auras engendré
Des milliers de forts nouveaux nés.

Dessine l'abeille Maba Oyo sur cette page.

Dessine le poisson Coumarou sur cette page.

YAWAHUBARHON
Tortue de mer / Tortue Luth

Combien de temps
Te verrons-nous encore,
Yawahubarhon ?
Combien de temps
Sillonneras-tu encore
Tous les océans
Du monde ?

Ton dos, fier navire bleu,
Saura-t-il tenir
Déjouer, parbleu,
Pollution, filets, plages qui se retirent ?

Une chance pourtant
Faible mais qui rassure
C'est qu'en modifiant
La température
Nous avons changé
L'ordre de nature,
Fait proliférer
Foison de méduses
Dont tu te nourris.

Fais-le bien savoir
Pour qu'en nos mémoires
On apprenne enfin

Qu'une tortue Luth
Grande tortue de mer
Vit aussi pour nous,
Idiots sur la Terre.

La tortue Luth, plus grande tortue marine, est classée comme vulnérable sur la liste rouge de l'UICN. En plus de la pollution et des filets, elle souffre aussi du braconnage et de l'aménagement du littoral qui modifie ses lieux de ponte. Friande de méduses, elle est pourtant bien utile, en plus d'être belle, pour éviter des brûlures aux baigneurs et laisser le poisson aux pêcheurs et aux autres prédateurs.

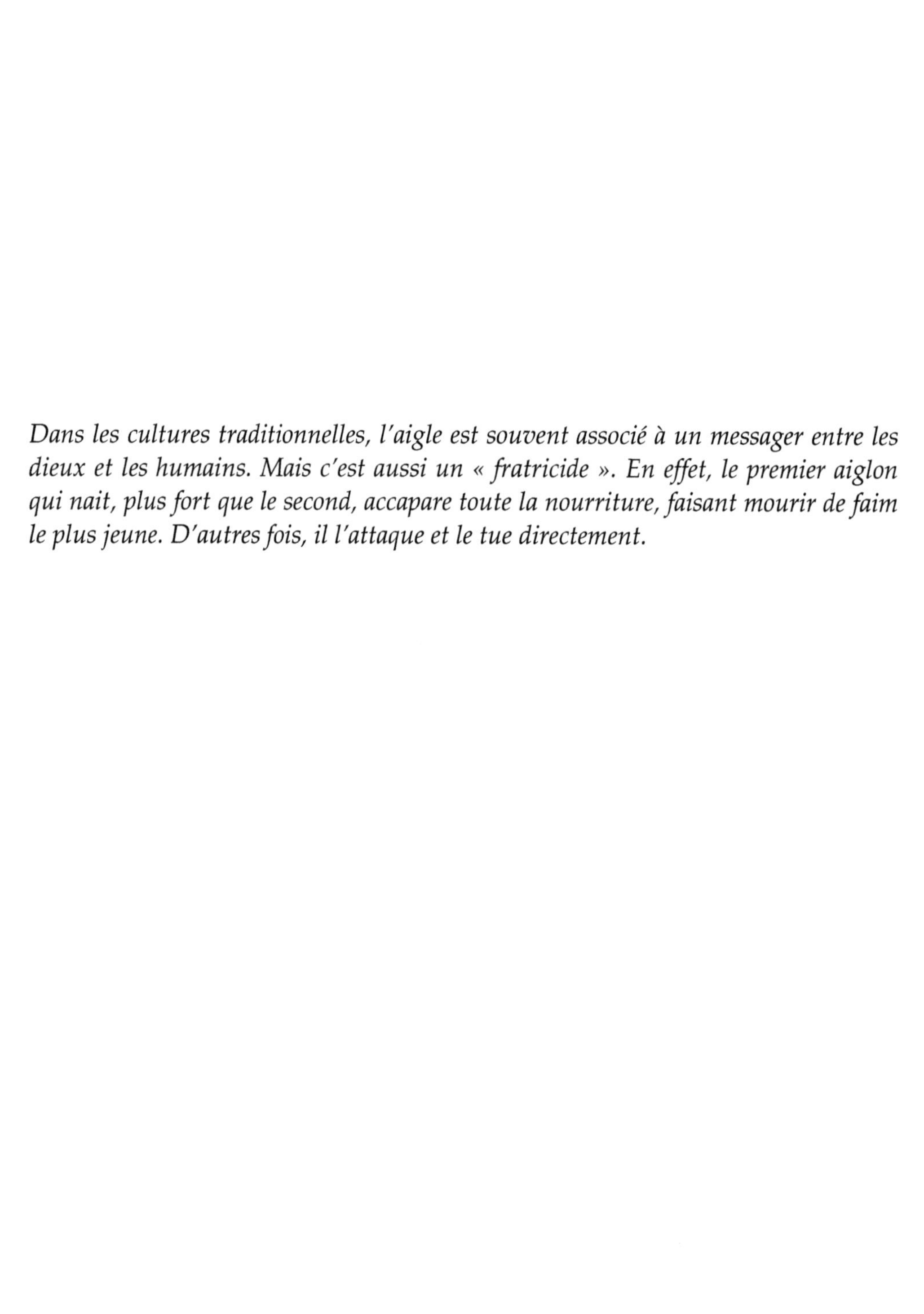

Dans les cultures traditionnelles, l'aigle est souvent associé à un messager entre les dieux et les humains. Mais c'est aussi un « fratricide ». En effet, le premier aiglon qui nait, plus fort que le second, accapare toute la nourriture, faisant mourir de faim le plus jeune. D'autres fois, il l'attaque et le tue directement.

HAUBARIRIA
Aigle

Haubariria, un jour tu riras
De voir de là-haut
Nos folles guérillas.

Toi aussi cruel,
En unique rituel,
Tu as attaqué
Ton frère nouveau né
Qui vivait jadis.
Quel grand sacrifice !

Mais du nid au ciel,
Heureux criminel,
Les dieux honorés
T'ont récompensé.

Haubariria, Haubariria,
Je vis ici-bas.
D'un tel pugilat
Je ne rirai pas.

Dessine la tortue Luth Yawahubarhon sur cette page.

Dessine l'aigle Haubariria sur cette page.

En Guyane, il existe un grand nombre de lianes à fleurs jaunes, blanches ou rose fuchsia. Mais le nom de liane est aussi donné à des serpents comme la liane perroquet ou la liane coiffée. Symboles de souplesse, liane végétale et serpent symbolisent aussi l'amour et la tentation.

MIBI
Liane

Retiens-moi Mibi,
Il y va de ma vie,

Attache-toi à moi,
Serre tes liens sur mes doigts

Je veux que tu me tiennes,
Que pour moi tu sois chaîne,

Pour monter et cueillir
L'objet de mon désir.

Si en montant par toi
Je doute un peu, parfois

Trouver du souffle encore
Dans un dernier effort

Dis-moi que je saurai
Dis-moi que je pourrai

Atteindre dans un merci
Ta fleur de Paradis.

Le terme « tamarin » représente une grande variété de singes de très petite taille. Leurs couleurs sont variées, allant du noir au blanc, en passant par le brun, le gris et même l'or pour le tamarin-lion. Ces petits singes ont un visage très expressif. Ils sont aussi très « famille ». Surtout, très agiles, ils montent sans hésiter jusqu'à la canopée.

SUTU
Singe tamarin

Petit singe, visage sérieux
Comme tu es bien audacieux
De monter, grimper si haut
Que tes voisins les oiseaux
N'osent pas te déranger
Quand tu joues en canopée.

Fruits, animaux et insectes
De ces mets tu te délectes.
Tu goûtes aussi fruits et fleurs
Quel beau pollinisateur.

En famille, avec marmots
Tu n'as pas besoin de mots
Tu t'écries et vocalises
Quand danger tu localises.

Joueur, volontiers aidant
Quand tu atteins les deux ans
Tu deviens très amoureux
Tendre et vraiment chaleureux.

Puis le cycle recommence
Un autre entre dans la danse
Nouveau singe attentionné
Sa vie sera haut perchée.

Dessine des lianes à fleurs jaunes, blanches et roses et un serpent sur cette page.

Dessine le singe Sutu sur cette page.

KAHRIO
Écureuil

Tendre, vif et gracile,
Voici Kahrio,
Écureuil agile.

Noix, fruits pour repas
Quel joli gourmand
Couleur chocolat.

Souvent tête en bas,
Tu es tête en l'air,
Lorsque tu oublies
Fruits et noix en terre.

Ta queue vaporeuse,
Flamme majestueuse,
Fouette l'air vibrant
Comme tu es touchant !

Serein sur la mousse
Dès que quelqu'un tousse
Tu files droit devant
Vrai foufou fuyant !

Karhio, si furtif
Tu es addictif.
Comme une noisette
J'craqu' pour tes pirouettes.

Écureuil sur le vif - Florine de Paris - 2017

Dessine l'écureuil Kahrio sur cette page.

Jeune mammifère, dessine-toi sur cette page ou colle ta photo !

Du même auteur

- **Le citron et autres agrumes** - Éditions Eyrolles

- **Savon de Marseille et autres savons naturels** - Éditions Eyrolles

- **Laits animaux et végétaux** (co-auteur) - Éditions Eyrolles

- **La permaculture en appartement** - Éditions Jouvence

- **Chic, des « mauvaises » herbes dans mon jardin !** - Éditions Jouvence

- **Prendre soin de ses poules avec Papy Nounn** - Éditions Jouvence

- **Chatons abandonnés, comment en prendre soin ?** - Éditions Jouvence

- **Photographe Nature, une passion, un métier** - Éditions B.O.D

<u>Romans jeunesse</u> - Éditions B.O.D.

- **Un amour aux temps gallo-romains.** (11 - 13 ans)

<u>Série animaux à partir de 6 ans :</u>

- **S.O.S. Écureuils**   (tome 1)

- **S.O.S. Abeilles : Inès s'en m(i)êle !**   (tome 2)

- **Moineau sans abri : Inès piaffe d'impatience** (tome 3)

À venir :

- **Alerte papillon, Inès se presse pour un citron**   (tome 4)